MASUMI SUZUKI

Modern Vietnamese

モダン・ベトナミーズ　鈴木珠美

Contents

VINA PHỞ
VINA RICE NOODLE
VINA NOUILLE DE RIZ
PHÚ QUỐC
Parle-G
18% EXTRA
Gingy
GOLDEN MOUNTAIN
tương ớt
HOT CHILI SAUCE
MAEPRANOM BRAND
SWEET CHILLI SAUCE
THIN SOY SAUCE
HEALTHY BOY BRAND
CHIU CHOW CHILI OIL
THAI-CHOICE
Green Curry
APPLE SIDRA
WITHOUT CHEMICAL COLORS
Farmers
ORGANIC
TIÊU ĐEN HỮU CƠ
NET WT : 100g
Honey Valley
DAVE'S GOURMET
Specialty Foods
ORGANIC
Red Heirloom
Gluten-Free & Non-GMO Pasta Sauce
Net Wt. 25.5oz (723g)
KING
KING ISLAND
Tom Yum Paste
FOCO
COCONUT JUICE
JUGO DE COCO
TÔ NHÚNG BÁNH TRÁNG
Rice Paper Water Bowl
BT 21

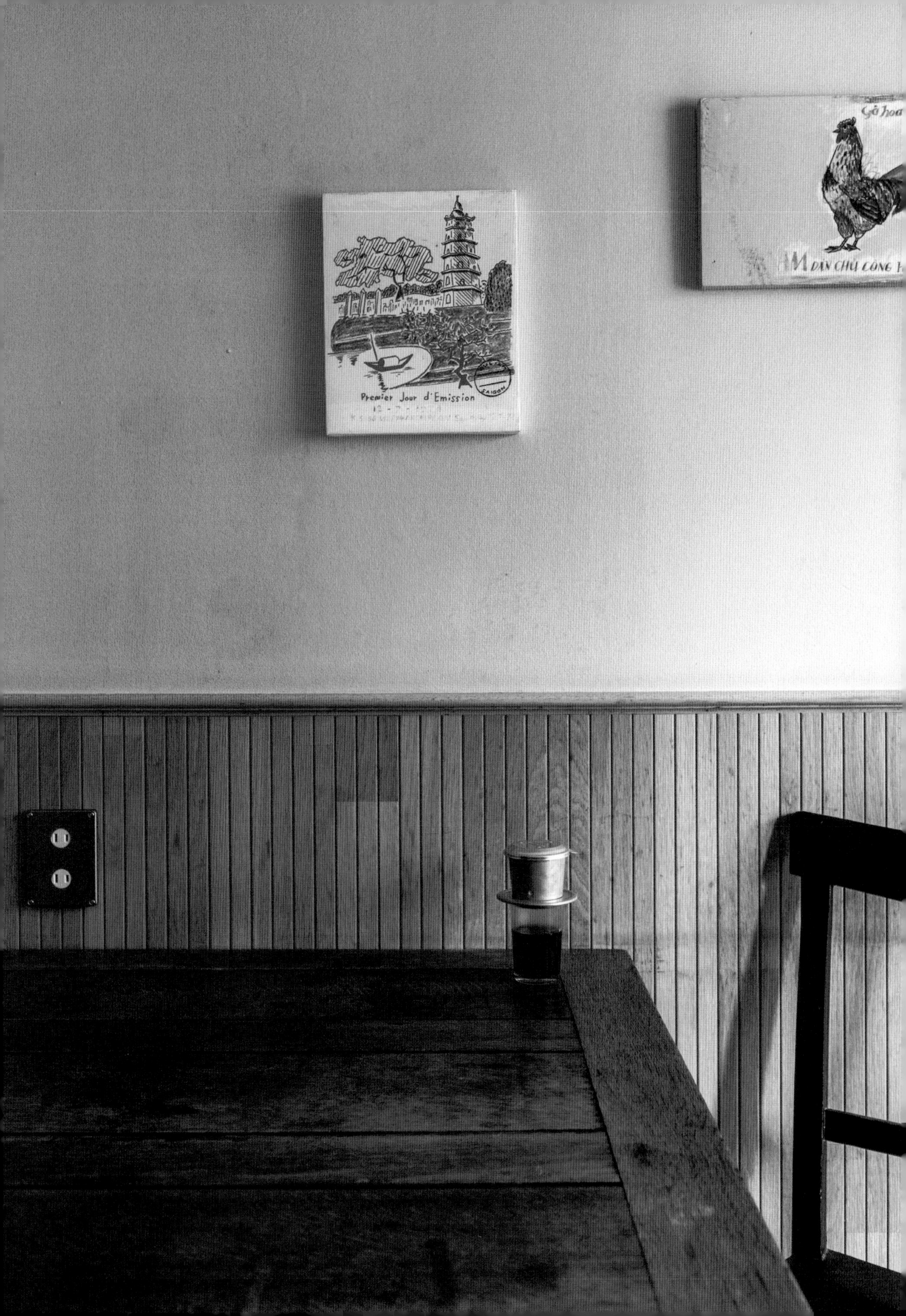
Gà hoa
DÂN CHỦ CÔNG
Premier Jour d'Emission
SAIGON

REX
HOTEL

CHAPTER 1

Basic Vietnamese

ベーシック×ベトナミーズ

最初におさえておくべき基本のベトナミーズ。
ベトナムでよく食べられている定番メニュー。

RECIPE . 1　揚げ春巻き（→ P.82）

RECIPE - 2 鶏肉のフォー（→P.83）

RECIPE 8　ベトナムチキンカレー（→P.89）

RECIPE・9 厚揚げのレモングラス風味（→P.90）

RECIPE - 10　バインベオ（ひとくち蒸し餅）（→P.91）

RECIPE - 11　ベトナム風バーニャカウダ（→P.92）

RECIPE・12 緑豆とココナッツミルクのチェー (→P.93)

RECIPE 13 焼きバナナケーキ（→P.94）

CHAPTER 2

Vegetable Vietnamese

野菜×ベトナミーズ

信仰の篤い仏教徒のためのコムチャイ（精進料理）文化が
下地にあるベトナムは、ベジフレンドリー。

PHONG CÁCH HOÀNG GIA

RECIPE - 16　かぼちゃのポタージュ（→P.97）

RECIPE . 18 ベジタリアンバインミー (→P.36)

RECIPE - 19 蓮の実とゆり根の土鍋ごはん（→P.100）

RECIPE - 20 カットレット・ベトナムスタイル（→P.101）

RECIPE . 21　ココナッツライス（→P.102）

RECIPE · 22　トマトのコンポート（→P.103）

RECIPE・23　ヨーグルトのデザート（→P.104）

RECIPE 24 アボカドとコーヒーのシントー (→P.104)

CHAPTER 3

World Vietnamese

ワールド×ベトナミーズ

中国とフランスの影響を大きく受けているベトナミーズに、
日本やインド、アメリカなど、異国のニュアンスをとり入れて。

RECIPE : 25　香菜蕎麦（→P.105）

RECIPE 26　海老のコーラ煮（→P.106）

RECIPE - 29 薬膳フォー （→P.109）

RECIPE . 30 塩麹豚の揚げもの（→P.110）

RECIPE - 31　れんこんのチヂミ (→P.111)

RECIPE - 32　海老のライスフレーク揚げ (→P.112)

RECIPE 33 おさしみといろいろ野菜のあえもの（→P.112）

RECIPE・34 クリームチーズとパイナップルジャムのクラッカーサンド (→P.114)

RECIPE 25 …マリネ…のサンドウィッチ（→P115）

RECIPE - 38　バナナと甘酒のラッシー（→P.116）

VIET NAM
50 xu
Dahlia variabilis Desf.
BƯU CHÍNH
Thược dược đỏ nhung

Street food Vietnamese

ストリートフード×ベトナミーズ

路上の屋台で何気なく売っているストリートフードが
とびきりおいしいのもまた、ベトナミーズの魅力のひとつ。

Bier · Bia · Bière
333
MILIKET
SA TẾ
CÓ DẦU SATE
Enjoy!
อร่อย สะอาด

RECIPE - 37　ババドバインセオ（→P.117）

RECIPE・40　鶏手羽のヌクマム揚げ（→P120）

RECIPE - 41　エクスプレススナック (→P.121)

RECIPE - 42　ムール貝のハーブ蒸し（→P.122）

RECIPE - 44　バインミーマットオン（→P.123）

RECIPE - 45　ケムカフェ （→P.124）

RECIPE 46　豆漿のベース ジンジャーシロップ（→P.124）

RECIPE : 47　ゆり根の酒かすスープ（→P.125）

Modern Vietnamese

Food Ingredients

本書に登場する食材や調味料のうち、
特にこだわって使っているものをご紹介します。
なお、＊の印がついているのは
kitchen. オリジナル商品で、
kitchen-nishiazabu.stores.jp
で購入できます。

天使の海老

自然餌で海水養殖されているニューカレドニア産で、塩味しっかり。本書のレシピで他の海老を使う場合は、塩分を気持ち増やして。

キーライム（メキシカンライム）

ベトナムでよく使われる柑橘、チャインが日本では入手しづらいため、こちらを使います。香りがよく、料理のアクセントに最適です。

黒胡椒

胡椒とヌクマムは、ベトナムではフーコック島が一大産地。なかでもこちらは香りがとてもよく、オーガニックの商標を取得している高品質。

馬告《マーガオ》

台湾の原住民に伝わる、レモングラスの香りがする胡椒のようなスパイス。果物、シントーやブラマンジェなどのトッピングにもどうぞ。

緑豆春雨

タイのメーカー「パインツリー」の春雨は、タイ産の緑豆100％だから、コシが強くて煮崩れしにくい。小分けパックなのも便利です。

フォー

「ビッチー」のフォーは、米粉にタピオカでんぷん入り。歯応えや食感を大切にする日本人には、このつるっと、もちっと感がぴったり。

黒ごま入りライスペーパー

えびせんの代わりにサラダに添えて食感を楽しんでも。ベトナムでは揚げたり焼いたり、手軽なスナックとしても親しまれています。

極薄ライスペーパー

料理によっては具材の水分でやわらかくなるので、水で戻さずそのまま使ってもOK。揚げ春巻きがつくりやすい四角い形。

トーステッドココナッツ

「キングアイランド」のココナッツチップスは、ほどよい甘さが料理にもデザートにも合わせやすく、食感も厚みもベストです。

ココナッツジュース

果肉入りなのが特徴。無糖のものもありますが、こちらは加糖タイプ。調理の際に、砂糖の調味を省略できるのが便利です。

豚皮スナック

豚皮をカリッと揚げたスナック菓子。フィリピンのメーカー「ベストワン」の、塩とにんにく風味のレギュラータイプを好んで使っています。

干し海老

干し海老はこれ一択というほど愛用。海老が大きい分うまみもたっぷりで、国産で無着色なのも高ポイント。販売元カドヤ。

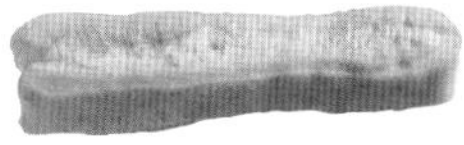

油条《ヨウティヤオ》

中華揚げパン。中華食材店で冷凍ものが入手可能。160℃の油でカリッと揚げて、おかゆに添えたり、砂糖をまぶしておやつにも。

ベトナムコーヒー

専用ドリッパーを使わずとも簡単にベトナムコーヒーが楽しめるインスタント。カレーの隠し味などに使ったりもしています。

ヌクマム

日本で手に入るのは加熱処理済みのヌクマムのみですが、ヌクマムの名産地、フーコック島でつくられたこの一番搾りがベストチョイス。

ホットチリソース

ベトナムのホットチリソースは概して甘みが強めですが、タイの「ゴールデンマウンテン」のソースはすっきりした辛みがあって好きです。

スイートチリソース

タイの老舗ブランド「メープラノム」のものは、甘みと辛みのバランスが絶妙。化学調味料、色素、添加物不使用で、原材料がシンプル。

シーズニングソース

「ゴールデンマウンテン」のものは香りがよく、小さい瓶で使い勝手もいい。茹で野菜などのつけだれや、炒めものの風味づけに使っても。

ヌクチャム（つくり方→P.82）

万能だれのヌクチャムは、甘みのあるベトナム南部の味が好み。夏はこの甘酸っぱさが元気のもと。ハーブやたんぱく質と好相性です。

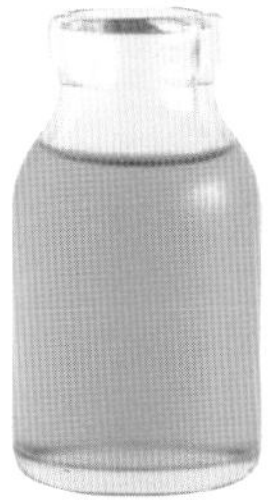

ヌクチャムチャイ（つくり方→P.96）

小魚の代わりにパイナップルでつくるヌクマムの代用品。「チャイ」はベジの意味。発酵工程は省きつつ現地の味を再現しました。

ベジチャム（つくり方→P.96）

ベジタリアンヌクチャム（万能だれ）のこと。魚醤の香りが苦手な人にもおすすめできる、クセのない合わせ調味料です。

グリーンチャツネ（つくり方→P. 99）

いわばインド版柚子胡椒。麺料理や揚げものや肉料理など、こってりとしたメニューにさわやかさをもたらします。

カシューナッツの黒胡椒コーティ*

ベトナムの黒胡椒と黒ごまをたっぷり使った、やみつきになるおつまみ。ハイボール、ジントニック、レモンサワーなどと相性がいいです。

ピーカンナッツのキャラメリゼ*

ピーカンナッツに深煎りのベトナムコーヒーを加えてキャラメリゼに。さくさく感とほどよい甘さが絶妙で、ウイスキーや赤ワインに合います。

洋梨のジャム*

原料は長野産の洋梨とグラニュー糖のみ。附属のベトナム産のカカオニブとピンクペッパーを彩りや香りのアクセントに。

パイナップルのジャム*

沖縄産のパイナップルとグラニュー糖のみでつくりました。附属のコリアンダーとチリ、塩のオリジナルスパイスと組み合わせて。

Modern Vietnamese

Recipes

本書のルール

- 小さじ1＝5㎖、大さじ1＝15㎖、1カップ＝200㎖で表しています。
- レモングラスは根元に近いものを使用しています。
  生がベストですが、なければ冷凍でも。アジア食材店などで入手できます。
- こぶみかんの葉は生を使用しています。
- バターは有塩のものを使用しています。

CHAPTER I

Basic Vietnamese

ベーシック×ベトナミーズ

RECIPE - 1

揚げ春巻き P.8-9

材料［16個分］

ライスペーパー(極薄)……16枚
生野菜とハーブ(グリーンカール、香菜、スペアミント、パクパイなど)……適量
ホットチリソース……適量
ヌクチャム*……適量
〈豚ひき肉あん〉
- 豚ひき肉……200g
- 蟹(缶詰の汁気をきったもの)……100g
- きくらげ(乾燥)……5g
- 緑豆春雨(乾燥)……15g
- にんじん(みじん切り)……40g
- 赤玉ねぎ(みじん切り)……70g
- にんにく(みじん切り)……1片
- 溶き卵……1/2個分
- 砂糖……小さじ1
- ごま油……小さじ2
- 塩……小さじ1/2
- 粗挽き黒胡椒……少々

つくり方

1. きくらげと緑豆春雨はそれぞれ水に浸して戻す。春雨は1cm幅に切り、きくらげはみじん切りにする。ボウルに〈豚ひき肉あん〉の材料を入れて手で混ぜてよく練り、16等分にする。
2. ライスペーパーを半分に切り、つるつるした面を下にして縦長におく。少量の水を手につけて表面に塗り、もう1枚重ねて、1個分の〈豚ひき肉あん〉を手前にのせ、手前からしっかり巻いていく。両端を内側に折りたたんで〈あん〉を包んだら、巻き終わりを下にしておく。残りも同様に巻く。
3. フライパンに2を、巻き終わりを下にして並べ入れ、油(分量外)をひたひたに注いで火にかける。160〜170℃になったら弱火にして、温度を保ったまま揚げる。全体に色づき、皮の表面を軽く叩いてカリッとなっていたらとり出す。
4. 器に3、生野菜とハーブを盛りつけて、ホットチリソースやヌクチャムを添える。野菜に揚げ春巻きとハーブを巻き、ソースをつけて食べる。

*ヌクチャム

材料

ヌクマム……大さじ2
レモン汁……大さじ3
砂糖……大さじ3
水……大さじ2
にんにく(みじん切り)……少々
赤唐辛子(みじん切り)……少々

つくり方

すべての材料を合わせ、砂糖が溶けるまでよく混ぜる。

ベトナムの定番料理。蟹を使って華やかなハレの日のレシピにしましたが、海老や魚のすり身に代えてもOK。
ヌクチャムは麺類のつゆや天ぷらのつけだれなど、和食にも合う万能だれです。

RECIPE - 2

鶏肉のフォー P.10

材料［4人分］

フォー（乾燥）……350g
鶏もも肉……2枚
細ねぎ（根元部分10cm）……16本分
玉ねぎ……1/2個
香菜（1cm長さに切る）……適量
油条《ヨウティヤオ》（中華揚げパン）……適量
トッピング（ヌクマム、ホットチリソース、
　キーライム、こぶみかんの葉の千切り）……適量

〈A〉
　塩麹……大さじ4
　しょうが（すりおろす）……20g
　レモングラス（みじん切り）……20g

〈鶏のだし〉
　鶏がら……1羽
　玉ねぎ（皮つき）……小2個
　しょうが（皮つき）……70g
　水……3ℓ

〈スープ〉
　鶏のだし……2ℓ
　ヌクマム……大さじ2
　塩……大さじ1＋1/2
　砂糖……小さじ2

つくり方

下準備：
鶏もも肉はペーパータオルで水気を拭き、保存袋に入れ、〈A〉を加えてよくもみ込む。冷蔵庫に2日おく。調理直前に水洗いし、水気を拭きとる。

1. 〈鶏のだし〉をとる。
a. 鶏がらは水洗いして血や汚れをとり除く。玉ねぎとしょうがは焼き網にのせ、直火で表面が焦げるまで焼く。水洗いして、焦げた皮を手や包丁でむく。
b. 鍋に下準備した鶏肉、a、分量の水を入れて強火にかける。沸いたらアクをとり、弱火にする。鶏肉は火が通ったらとり出し、乾かないようにラップをかけて冷まし、食べやすい厚さにそぎ切りにする。
c. 弱火にしてから1時間経ったら、煮汁をペーパータオルでこす。

2. フォーはぬるま湯に30分ほど浸す。曲げても折れない程度にやわらかくなったら水気をきる。

3. 〈スープ〉の材料を合わせて温めておく。

4. 油条は160℃の油（分量外）で両面がカリッとなるまで揚げる。

5. 細ねぎは熱湯でくたっとするまで茹でる。玉ねぎは縦半分に切り、繊維を絶つように薄切りにする。

6. 2のフォーを1人分ずつ片手つきのざるに入れて5〜10秒間茹で、しっかりと水気をきって器に盛る。

7. 6にbの鶏肉と5をのせ、3の熱々のスープを注ぎ、香菜を盛る。トッピングを加え、油条を添える。

フォーはあらかじめぬるま湯で戻しておくのが、上手に茹でられるコツ。
鶏もも肉は塩麹のうまみが加わり、やわらかく仕上がります。油条はスープに浸して食べるのがベトナムスタイル。

RECIPE - 3

ゆで豚のベトナムスタイル P.11

材料［4人分］

豚肩ロース肉（かたまり）……500g
ジャスミン茶のティーバッグ……1袋
塩……大さじ1
生野菜とハーブ（大葉、イタリアンパセリ、スペアミント、サラダ菜など）……適量
だいこんとにんじんのなます*……適量
ライスペーパー（極薄）……適量
〈香味ソース〉（混ぜ合わせる）
しょうが（みじん切り）……1/2片
細ねぎ（小口切り）……5本
香菜（みじん切り）……20g
長ねぎ（みじん切り）……1/2本
白煎りごま……大さじ2
ごま油……大さじ1/2
ホットチリソース……大さじ1/2
ヌクチャム（P.82参照）……全量

つくり方

1. 鍋に豚肩ロース肉とかぶるくらいの水を入れて火にかけ、茹でこぼす。豚肉を水洗いし、表面に残っているアクをとり除く。
2. １の鍋をさっと洗い、豚肉とかぶるくらいの水、ジャスミン茶のティーバッグ、塩を入れて30～40分煮る。そのまま冷まし、粗熱がとれたら豚肉を薄切りにする。
3. ２の豚肉、生野菜とハーブ、なます、ライスペーパーを器に盛る。
4. ライスペーパーに具材を巻き、〈香味ソース〉をつけて食べる。

*だいこんとにんじんのなます

材料

だいこん（千切り）……200g
にんじん（千切り）……100g
塩……小さじ1
砂糖……大さじ2
水……大さじ2
米酢……大さじ2

つくり方

1. だいこんとにんじんに塩をまぶす。
2. しんなりしたらもみ洗いして塩気を落とし、水気を絞る。
3. ボウルに砂糖、水、米酢を混ぜ合わせて２を加え、30分おく。

ベトナム料理の定番、生春巻きをゆで豚で。手巻き寿司の要領で楽しめます。ゆで豚はジャスミン茶が肉の臭みをとるだけでなく、香りをよくしてくれます。香味ソースは魚のソテーや焼き魚、冷奴などにつけるのもおすすめ。

RECIPE - 4

コムアンフー（フエ風まぜごはん） P.12-13

材料［2人分］

豚ひき肉……100g
ごま油……小さじ1
卵……1個
塩、砂糖……各ひとつまみ
ねぎ油*……適量
ごはん……150g
きゅうり……1/2本
クレソン（葉を摘む）……1/2束
海老のでんぶ（P.91参照）……全量
だいこんとにんじんのなます（P.84参照）
……適量
ホワイトセロリ（1cm長さに切る）……5本
茹で枝豆……正味30g
ヌクチャム（P.82参照）……適量
〈A〉
レモングラス（みじん切り）……10g
にんにく（みじん切り）……小さじ1/2
赤玉ねぎ（みじん切り）……大さじ1＋1/2
ヌクマム……小さじ1
シーズニングソース……小さじ1
粗挽き黒胡椒……少々
砂糖……小さじ1/2

つくり方

1. 豚ひき肉と〈A〉を混ぜ合わせ、15～20分おく。フライパンにごま油を熱し、炒める。
2. 錦糸卵をつくる。卵を溶いて塩と砂糖を混ぜ、薄焼きにして、千切りにする。
3. きゅうりはピーラーで皮をむく。縦半分に切り、種をスプーンでとり、5mm幅に切る。
4. 器の中央にごはんを盛り、ねぎ油をかける。まわりに１～３、クレソン、海老のでんぶ、なます、ホワイトセロリ、茹で枝豆を盛る。ヌクチャムをかけ、全体をよく混ぜる。

*ねぎ油

材料

細ねぎ（緑色の部分）（小口切り）
……大さじ4
米油……大さじ3

つくり方

小さいフライパンに米油を熱し、火を止めてから細ねぎを加え、手早く混ぜる。

フエにある「アンフー」という店発祥の料理を、ちらし寿司風にアレンジ。
海老のでんぶと錦糸卵は、ベトナムでも定番の具材です。

RECIPE - 5

海老の米粉揚げ レモングラス風味

P.14-15

材料［2〜3人分］

レモングラス（みじん切り）……20g
米油……大さじ4
有頭海老……10尾
米粉……適量
塩……1g
粉唐辛子……少々
キーライム（半分に切る）……1個

つくり方

1. 小さめのフライパンにレモングラスと米油を入れて火にかける。レモングラスがほんのりと色づいたら目の細かい網でこし、レモングラスと油に分け、それぞれとりおく。
2. 有頭海老は殻つきのまま背わたをとり、米粉を薄くまぶす。
3. 1の油と揚げ油（分量外）を入れ、160℃に熱する。2を香ばしい色がつくまで揚げる。
4. 別のフライパンに1のレモングラスと塩、粉唐辛子を入れて混ぜ、火にかけて3の海老をからめる。
5. 器に4を盛り、キーライムを添える。

北部のハロン湾で食べた料理を再現してみました。海老の代わりにいかを使ってもおいしくできます。
レモングラスはベトナムで最もよく使われるハーブ。余ったら、用途を想定してカットしたうえで冷凍を。

RECIPE - 6

スペアリブとカリフラワーのスープ

P.16

材料［4人分］

豚スペアリブ（長さ5cm）……8本
カリフラワー（小房に分ける）……200g
にんじん（乱切り）……150g
しょうが（薄切り）……1片
細ねぎ（2cm長さに切る）……5本
水……8カップ
ヌクマム……大さじ2
塩……小さじ1
砂糖……小さじ1/2
たれ（塩、粗挽き黒胡椒、キーライム〈半分に切る〉）……適量

つくり方

1. 豚スペアリブは熱湯（分量外）にさっとくぐらせ、表面が白くなったら水（分量外）にとって洗う。
2. 鍋に1のスペアリブ、分量の水、しょうがを入れて火にかけ、煮立ったらアクをとり、弱火にして20〜25分煮込む。
3. カリフラワーとにんじんを加えてやわらかくなるまで煮、ヌクマム、塩、砂糖で調味し、細ねぎを加えて器に盛る。
4. たれは、塩と黒胡椒を好みの割合で合わせて小皿に入れ、食べるときにキーライムを搾って混ぜ、具材をつけて食べる。

食べる際、キーライムはスープに搾るのではなく、スープからとり出した具材につけて食べるのがベトナム流。
豚肉の代わりに骨つき手羽肉もおすすめ。また野菜は、じゃがいもやれんこんなどもよく合います。

RECIPE - 7

豚肉と卵のココナッツジュース煮 P.17

材料［4人分］

豚肩ロース肉（かたまり）……700g
ごま油……大さじ2
ココナッツジュース
　またはココナッツウォーター（加糖）
　　……350㎖
卵……4個
うずらの卵……4〜8個
フレッシュグリーンペッパー……1枝
〈A〉
　しょうが（みじん切り）……1片
　にんにく（みじん切り）……1片
　ヌクマム……大さじ1
　シーズニングソース……大さじ1
　粗挽き黒胡椒……小さじ1/2
〈B〉
　ヌクマム……大さじ2
　シーズニングソース……大さじ1＋1/2
　はちみつ……大さじ1

つくり方

1. 豚肩ロース肉はひと口大に切り、〈A〉をからめて20〜30分漬け込む。
2. 卵とうずらの卵は固茹でにし、殻をむく。
3. フライパンにごま油を熱し、1を香ばしい焼き色がつくまで全面焼く。
4. 鍋に3とココナッツジュースを入れ、かぶるくらいまで水（分量外）を加える。強火にかけ、沸騰したら弱火にしてアクをとり、〈B〉と2を加えて40分ほど煮る。
5. 器に盛りつけ、フレッシュグリーンペッパーを飾る。

ごはんによく合う、ベトナム南部のお正月料理です。
甘み、うまみとなるココナッツジュースがポイントですが、りんごやパイナップルの果汁100％ジュースなどでも代用OK。

RECIPE - 8

ベトナムチキンカレー

P.18-19

材料［4人分］

鶏もも肉……500g

さつまいも（乱切り）……正味350g（約1本）

玉ねぎ（くし切り）……1/2個

ミニバゲット……4本

〈A〉

- カレー粉……大さじ1＋1/2
- 塩……小さじ1/2
- にんにく（みじん切り）……大さじ1
- 赤玉ねぎ（みじん切り）……30g

〈B〉

- 米油……大さじ2
- レモングラス（みじん切り）……40g
- 赤玉ねぎ（みじん切り）……30g
- にんにく（みじん切り）……大さじ1

〈C〉

- ココナッツミルク……2カップ
- 水……1カップ
- カレー粉……大さじ2
- ローリエ……2枚
- ヌクマム……大さじ1＋2/3
- 砂糖……大さじ1強

たれ（塩、粗挽き黒胡椒、キーライム〈半分に切る〉）……適量

つくり方

1. 鶏もも肉はひと口大に切る。〈A〉をもみ込み、15分おく。
2. さつまいもは水にさらしたあと水気をきり、160℃の油（分量外）で揚げる。
3. フライパンに〈B〉を入れて炒める。香りがたってきたら1を加えて炒める。
4. 鶏肉の表面の色が変わったら〈C〉を加え、中火で煮込む。
5. 鶏肉に火が通ったら2と玉ねぎを加え、玉ねぎのシャキシャキ感が残る程度にさっと煮る。器に盛り、ミニバゲットを添える。
6. たれは、塩と黒胡椒を好みの割合で合わせて小皿に入れ、食べるときにキーライムを搾って混ぜ、具材をつけて食べる。

ベトナムのカレーに使われる肉はチキンがほとんど。また、さつまいもが入っているのもベトナムらしさ。
バゲットやブン（発酵させた米麺）につけて食べます。

RECIPE - 9

厚揚げのレモングラス風味

P.20

材料［4人分］

厚揚げ(8等分に切る)……1枚

〈トッピング〉

- レモングラス(みじん切り)……50g
- 米油……大さじ5
- 粗挽き赤唐辛子(乾燥)……少々
- 塩……小さじ1
- 砂糖……ふたつまみ

つくり方

1. 〈トッピング〉をつくる。フライパンに米油とレモングラスを入れ火にかけ、カリカリになるまで中火で炒める。目の細かい網でこし、油とレモングラスに分ける。
2. ボウルに1のレモングラスを入れ、粗挽き赤唐辛子、塩、砂糖を混ぜ合わせる。
3. 別のフライパンに厚揚げを入れ、1の油と揚げ油(分量外)を厚揚げの高さ半分まで注ぎ、両面がカリッとするまで揚げる。
4. 器に3を盛り、2をかける。

ベトナム南部定番の家庭料理で、レモングラスのトッピングが味の決め手。
多めにつくっておき、焼き魚や唐揚げに合わせると、いつものメニューも目先が変わります。

RECIPE - 10

バインベオ（ひとくち蒸し餅） P.21

材料［10個分］

ねぎ油（P.85参照）……全量
豚皮スナック……適量
ピーナッツ（砕く）……適量
海老のでんぶ*……全量
〈たれ〉
　米油……大さじ1/2
　にんにく（みじん切り）……小さじ1
　海老の頭……6尾分（身はでんぶで使用）
　水……1/4カップ
　ヌクマム……大さじ1
　砂糖……大さじ1
〈生地〉
　米粉……50g
　水……1カップ強
　塩……2〜3つまみ

つくり方

1.〈たれ〉をつくる。
　a. 鍋に米油とにんにくを入れて中火にかける。香りがたってきたら海老の頭を入れ、木べらでつぶしてみそを出しながら炒める。
　b. 香ばしい香りがして海老の頭が赤くなったら、分量の水を注ぐ。沸いたらアクをとり、ヌクマムと砂糖を加え、再沸騰させてこす。
2.〈生地〉をつくる。
　a. 米粉と水を混ぜ合わせ、塩を加える。
　b. 蒸し器に小皿（直径9×高さ3cm）を10枚入れて火にかける。蒸気が上がってきたら、a（粉が底に沈澱しているため再度混ぜ合わせる）を小皿に注ぎ入れ、蓋をして4〜5分蒸す。
　c. 蓋をとった瞬間、生地がぷわっと一瞬ふくらみ、すぐに平らになればOK。ならない場合はさらに1〜2分蒸す。常温において冷ます。
3. 生地にねぎ油を塗り、海老のでんぶ（1枚につき小さじ2）、豚皮スナック、ピーナッツをのせ、〈たれ〉をかける。スプーンで生地を小皿からはがして食べる。

*海老のでんぶ

材料

海老……6尾
塩、酒……少々

つくり方

1. 海老は殻つきのまま背わたをとる。鍋に湯を沸かし、塩と酒を加えて海老を入れる。再沸騰したら火を止め、そのまま冷ます。
2. 海老が冷めたら殻をむき、フードプロセッサーまたはミキサーで細かくする。
3. フライパンに2を入れ、さらさらとしたパウダー状になるまで弱火で乾煎りする。

フエの宮廷料理。米の加工品が豊富なベトナムにあって、とりわけフエはバリエーション豊か。豚皮が手に入らなかったら、食パンを揚げてクルトンのようにして代用してみて。

RECIPE - 11

ベトナム風バーニャカウダ P.22-23

材料［4人分］

豚ばら肉（かたまり）（1cm角の棒状に切る）
……100g
米油……小さじ1
干し海老……25g
にんにく（みじん切り）……1/2片
赤玉ねぎ（みじん切り）……30g
細ねぎ（白い部分）（小口切り）……30g
コリアンダーシード（砕く）……大さじ1/2
粒黒胡椒……小さじ1/2
生野菜（葉つきミニにんじん、ラディッシュ、
ビーツ、ミニきゅうり、空芯菜、クレソン、
シャオム〈アカシア〉など）……適量

〈A〉
ヌクマム……1/4カップ
砂糖……30g
干し海老の戻し汁……大さじ2

〈B〉
赤唐辛子……2本
粗挽き黒胡椒……小さじ1/2
細ねぎ（緑色の部分）（2cm幅に切る）
……4本分

つくり方

1. 干し海老はひたひたの湯に10分ほど浸して戻す。戻し汁と分けておく。

2. フライパンに米油と豚ばら肉を入れ、全体がきつね色になるまでカリカリに炒め、油を残し、肉だけ別皿にとり出しておく。

3. 2のフライパンににんにく、赤玉ねぎ、細ねぎを入れて炒め、よい香りがしてきたら1の干し海老、コリアンダーシード、粒黒胡椒、〈A〉を加えて煮つめる。とろみがついたら〈B〉と2の肉を戻し入れ、さっと煮る。

4. 野菜を食べやすい大きさに切り、3とともに器に盛る。

※空芯菜は葉をはずし、茎を空芯菜カッター（または包丁か針）で細かく割く。

本来のバーニャカウダではアンチョビのところをヌクマムにしたり、カリカリに炒めた豚肉を使ったりして、ベトナムらしく仕上げています。
バーニャカウダといいながら、佃煮のようなイメージでごはんとも相性抜群です。

RECIPE - 12

緑豆とココナッツミルクのチェー P.24

材料［4人分］

〈緑豆あん〉（つくりやすい分量）

- 皮むき緑豆（ムングダール）……250g
- 水……2カップ
- 塩……ふたつまみ
- 砂糖……200g

白玉粉……50g

水……約1/4カップ

ココナッツミルク……2カップ

トーステッドココナッツ……適量

つくり方

1. 〈緑豆あん〉をつくる。

a. 皮むき緑豆は米をとぐ要領で洗い、たっぷりの水に3時間ほど浸す。

b. aの水気をきり、鍋に入れ、分量の水と塩を加えて火にかける。沸騰したらアクをとって煮る。途中、水分が少なくなってきたら水を足す。

c. 緑豆がやわらかくなったら砂糖を入れ、もったりとするまで木べらで練り混ぜる。木べらで鍋底をこすって筋が残るかたさになったらバットにとり出し、粗熱をとる（冷蔵で3〜4日保存可能、冷凍で約1ヶ月保存可能）。

2. ボウルに白玉粉を入れ、分量の水を少しずつ加えて耳たぶくらいのかたさに練る。16等分にして手で丸める。熱湯で茹で、浮いてきたら氷水にとる。

3. 鍋に〈緑豆あん〉の2/3量ほどとココナッツミルクを入れ、火にかけて混ぜ合わせ、2の白玉を水気をきって加え、さっと煮る。

4. 器に盛り、トーステッドココナッツを散らす。

舌ざわりをスムーズにしたいので、緑豆は皮むきタイプを使ってください。
クラッシュアイスを加え、冷たくして食べるのもおいしい。

RECIPE - 13

蒸しバナナケーキ P.25

材料［縦18×横13×高さ2cmの型1個分］

バナナ……正味250g（約3本）
きび砂糖……50g
塩……ふたつまみ
タピオカでんぷん粉……50g
熱湯……1/4カップ
白ごま……適量
〈ココナッツミルクソース〉（つくりやすい分量）
- ココナッツミルク……1カップ
- 水……1/2カップ
- 砂糖……25g
- 片栗粉……大さじ1/2（水大さじ1で溶く）

つくり方

1. 〈ココナッツミルクソース〉をつくる。鍋にココナッツミルクと水を入れて温め、砂糖を加えて溶かす。水溶き片栗粉を加えてとろみをつける。
2. バナナは1cm幅の輪切りにし、きび砂糖と塩をふり、スプーンであえる。そのまま15分おく。
3. バナナの水分が出てつやが出てきたら、タピオカでんぷん粉と熱湯を加えて混ぜる。
4. 蒸気の上がった蒸し器にオーブンシートを敷いた型を入れ、温めておく（あらかじめ型を熱しておかないと、蒸しているうちにタピオカ粉が底に沈澱してしまうため）。
5. 4の型に3を入れて20分蒸す。
6. 冷ましてから食べやすい大きさに切り、器に盛る。ココナッツミルクソースをかけ、白ごまをふる。

型はお椀などでもOK。陶器やホーローの場合はオーブンシートを敷いて蒸しましょう。
トッピングは白ごまに限らず、砕いたピーナッツなど香ばしいものであれば合います。

CHAPTER 2

Vegetable Vietnamese

野菜×ベトナミーズ

RECIPE - 14

きのこの揚げ春巻き P.28-29

材料［5本分］

きのこ（ブラウンマッシュルームなど好みで）
……400g
オリーブオイル……大さじ2＋1/2
塩……小さじ1/2強
コリアンダーパウダー……小さじ2
蕎麦の実……大さじ2
春巻きの皮……5枚
小麦粉……大さじ1/2（水大さじ1で溶く）
キーライム（半分に切る）……1個

つくり方

1. フライパンにオリーブオイルを熱し、スライスまたは小房にしたきのこと塩を入れて強火で炒める。きのこから水分が出てきたら中火にし、水分がなくなるまで炒める。
2. 1にコリアンダーパウダーを入れ炒め合わせる。
3. 春巻きの皮1枚の角を手前にしておく。手前のほうに2の1/5量と蕎麦の実の1/5量をのせ、くるくると手前から2回巻き、左右を内側に折りたたむ。向こう側のふちに水溶き小麦粉を塗り、ふちをとめる。残りも同様につくる。
4. 油（分量外）を170℃に熱し、3を色よくパリッと揚げる。器に盛り、キーライムを添える。

水分がとぶまできのこをしっかり炒めるのがおいしく仕上げるポイントです。
ライスペーパーではなく、春巻きの皮を使うことでサクサク食感に。コリアンダーと蕎麦の実の組み合わせの妙を楽しんで。

RECIPE - 15

ドラゴンフルーツとキヌアのサラダ P.30-31

材料［2人分］

ドラゴンフルーツ（白）……正味150g（約1個）
ピーナッツオイル……大さじ1
ベジチャム*……大さじ2〜3
〈A〉
赤玉ねぎ（スライス）……50g
クレソン（葉を摘む）……適量
香菜（1cm長さに切る）……適量
茹でキヌア***……40g

つくり方

1. ドラゴンフルーツはくりぬき型で抜く（または2cm角に切る）。
2. ボウルに1と〈A〉を入れ、ピーナッツオイルとベジチャムを加えてあえ、器に盛る。

*ベジチャム

材料［つくりやすい分量］

ヌクチャムチャイ**……大さじ2
レモン汁……大さじ3
砂糖……大さじ3
水……大さじ2
にんにく（みじん切り）……少々
赤唐辛子（みじん切り）……少々

つくり方

材料をすべて合わせ、砂糖が溶けるまでよく混ぜる。

**ヌクチャムチャイ

材料［つくりやすい分量］

砂糖……30g
熱湯……1/2カップ
水……2+1/2カップ
コリアンダーシード……大さじ1
A
パイナップル（7mm幅に切る）……正味200g（約小1/2個）
砂糖……35g
塩……45g

つくり方

1. カラメルをつくる。鍋に砂糖を入れ、火にかける。砂糖が溶けて沸騰し、色づいてきたら火から下ろし、熱湯を加える。
2. 1に水を注ぎ、再び火にかけてカラメルを溶かす。Aを入れ、沸騰したらコリアンダーシードを加え、パイナップルが踊るくらいの火加減で30分煮る。
3. 2をペーパータオルでこして冷ます。保存容器に移し、冷蔵庫で保存する。

***茹でキヌア

材料［つくりやすい分量］

キヌア……1/4カップ
塩……ふたつまみ
水……1カップ

つくり方

1. キヌアは目の細かいざるにあけて水洗いする。
2. 鍋に1、水、塩を入れる。強火にかけ、沸騰したら弱火にして12〜13分加熱する（途中、水気がなくなったら水を少量ずつ足す）。
3. キヌアに透明感が出て白い輪のようなひげが出てきたら火を止め、ざるにあけて水気をきる。
4. 3をバットに移し平らにして水分をとばし、粗熱をとる。

ホーチミンにある大好きなレストラン「フム」のメニューからインスパイアされました。唐辛子と塩をつけて食べたり、こんなふうにサラダにしたりと、ベトナムの人は甘いおやつに限定しないフルーツの使い方が上手です。

RECIPE - 16

かぼちゃのポタージュ

P.32-33

材料［4人分］

かぼちゃ（皮をむいてひと口大に切る）……400g
カシューナッツ……80g
オリーブオイル……大さじ1
玉ねぎ（スライス）……80g
米粉……大さじ1強
アーモンドミルク（無糖）……4カップ
塩……小さじ1/2～1
ヌクチャムチャイ（P.96参照）……小さじ1
かぼちゃの種……適量

つくり方

1. かぼちゃは蒸気の上がった蒸し器でやわらかくなるまで蒸す。
2. カシューナッツをミキサーでパウダー状にする。
3. 鍋にオリーブオイル、玉ねぎを入れて炒める。玉ねぎが透き通ったら米粉を加える。
4. 3にアーモンドミルクを少しずつ入れ、1を加えてさっと煮て、粗熱をとってからミキサーにかける。
5. 4を鍋に戻し火にかけ、2、塩とヌクチャムチャイで味を調えて盛りつける。かぼちゃの種をトッピングする。

インドに料理留学したときに食べたものをベトナム風に再現。
カシューナッツのパウダーでコクを出すのがポイントです。

RECIPE - 17

玉ねぎと葉っぱの甘酢サラダ

P.34

材料［2人分］

新玉ねぎ（薄い輪切り）……1/2個
サラダ菜……1束
クレソン……1束
トマト（5mm幅に輪切り）
……小1個（大なら1/2個）
黒ごま入りライスペーパー……1枚
〈甘酢〉（混ぜ合わせる）
米酢……大さじ3
砂糖……大さじ2～3
塩……小さじ2/3
水……大さじ2
粗挽き黒胡椒……少々

つくり方

1. 黒ごま入りライスペーパーは8等分くらいに割り、170～180℃の油（分量外）に入れ、ふくらんできたら裏返し、両面を揚げて油をきる。
2. 〈甘酢〉に新玉ねぎを加えてあえ、20～30分マリネする。
3. サラダ菜は1枚ずつはがし、クレソンはやわらかい葉だけを摘みとり、冷水につけてパリッとさせてからしっかり水気をきる。
4. 器にトマトを並べ、3を盛り、2の玉ねぎを汁ごとかける。全体を混ぜて、1のライスペーパーにのせて食べる。

ベトナムの焼肉屋に必ずあるサイドメニュー。さっぱり甘酢で野菜をたくさん食べられるので、こってりした料理と合うのです。ライスペーパーやえびせんなど、カリカリしたものをサラダに添えるのがベトナム風。

RECIPE - 18

ベジタリアンバインミー P.35

材料［1～2人分］

ミニバゲット……1本
クリームチーズ……50g
グリーンチャツネ*……大さじ3
ピクルス**……各3切れ
香菜（2cm長さに切る）……適量
スペアミント……適量
〈グリル野菜〉
- れんこん（皮つき、乱切り）……3切れ
- なす（2cm幅に輪切り）……3切れ
- シーズニングソース……適量

つくり方

1. 〈グリル野菜〉をつくる。フライパンに油（分量外）を1cmほど入れ、野菜を揚げ焼きにし、シーズニングソースをふる。
2. ミニバゲットはオーブンで表面を軽く焼く。横から切り込みを入れて開き、下側にクリームチーズを塗る。
3. その上にグリーンチャツネを塗り、1、ピクルス、香菜、スペアミントを挟む。

*グリーンチャツネ

材料［つくりやすい分量］

スペアミント……30g
香菜（2cm長さに切る）……25g
青唐辛子……2本
ピーマン（半分に切り種をとる）……1個
しょうが……1片
にんにく……1/2片
レモン汁……大さじ4
ピーナッツ……大さじ2
塩……小さじ1
クミンパウダー……小さじ1

つくり方

すべての材料をミキサーに入れ、ペースト状にする。水分が足りない場合はレモン汁を足す。

**ピクルス

材料［つくりやすい分量］

みょうが（半分に切る）……3個
セロリ（乱切り）……1本
〈マリネ液〉
- アップルビネガー……1/2カップ
- 水……1/2カップ
- 砂糖……大さじ2＋1/2
- 塩……小さじ1
- コリアンダーシード……大さじ1/2
- レモングラス（斜め切り）……1本

つくり方

1. 鍋に湯を沸かし、みょうがとセロリをさっと茹で、保存瓶に入れる。
2. 別の鍋に〈マリネ液〉を合わせてひと煮立ちさせ、1にまわしかけ、半日以上漬ける。

インドで食べて衝撃のおいしさだったクリームチーズとグリーンチャツネのサンドウィッチを、バインミーでアレンジ。グリル野菜は歯ごたえがあるように大きめに切りましょう。

RECIPE - 19

蓮の実とゆり根の土鍋ごはん P.36-37

材料［4人分］

米……2合

蓮の実（乾燥）……40g

ゆり根……150g

塩……小さじ1

クコの実……大さじ2

〈馬《マー》告《ガオ》塩〉（混ぜ合わせる）

馬告（砕く）……小さじ1

塩……適量

つくり方

1. 米は通常の水加減をし、30分以上おく。
2. 鍋に蓮の実とたっぷりの水を入れて火にかけ、沸騰したら中火で30分茹で、そのまま冷まし、水気をきる。
3. ゆり根は根を切り落とし、1枚ずつはがすようにしてばらばらにする。なかについている泥などをよく洗い、茶色く変色している部分はそぎとる。外側の大きい部分は、大きさを切り揃える。
4. 土鍋に1と塩を加えてざっと混ぜて溶かし、2と3を加えて炊く。炊き上がったらクコの実を入れて蒸らす。
5. 器に盛り、〈馬告塩〉をかけて食べる。

フエの宮廷料理の蓮の実ごはんに、ほくほくのゆり根を加えて豪華にしました。
クコの実と馬告は色と味において、必須のアクセント。

RECIPE - 20

カットレット・ベトナムスタイル

P.38

材料［4人分］

じゃがいも(男爵)……正味300g(約4個)
小麦粉、溶き卵、ドライパン粉……適量
〈A〉
ガラムマサラ……小さじ1/2
香菜(みじん切り)……20g
青唐辛子(みじん切り)……1/2本
塩……小さじ1/3
スパイスバター*……適量

つくり方

1. じゃがいもは皮つきのまま蒸し、なかまで火が通ったら皮をむき、熱いうちにつぶす。
2. ボウルに1と〈A〉を入れて混ぜ合わせる。8等分にして円形にまとめ、小麦粉を薄くまぶしてから溶き卵にくぐらせ、パン粉をつける。
3. 180℃の油(分量外)できつね色になるまで揚げる。
4. スパイスバターにつけて食べる。

*スパイスバター

材料

バター(常温に戻す)
……10g×4個
きび砂糖……大さじ1
コリアンダーパウダー……大さじ1

つくり方

きび砂糖とコリアンダーパウダーを混ぜ合わせる。4つの小皿に分けて入れ、それぞれにバターを1個ずつ加える。

カットレットとは、パン粉をまぶして揚げたインドやスリランカの揚げもののこと。
バターと砂糖をつけてポテトを食べるベトナムスタイルに南アジアの風味をプラスしてみました。

RECIPE - 21

ココナッツライス P.39

材料［4〜5人分］

バスマティライス……1＋1/2カップ

香菜（みじん切り）……30g

カシューナッツの黒胡椒コーティ……適量

〈A〉

- ココナッツオイル……大さじ1
- マスタードシード……小さじ1
- クミンシード……小さじ1

〈B〉

- 青唐辛子（小口切り）……2本
- 白すりごま……大さじ3
- ココナッツフレーク……大さじ4
- 塩……小さじ1

つくり方

1. バスマティライスは目の細かいざるに入れて水で洗い、大きめのボウルに入れて水に30分浸ける。
2. 1の水気をきり、鍋に沸かした湯（分量外・4カップ）のなかに入れる。沸騰している状態を保ち、木べらでかき混ぜながら5分ほど加熱し、ざるにあけて湯をきり、広げて冷ましておく。
3. フライパンに〈A〉を入れ、香りがたつまで炒め、2と〈B〉を入れる。米をつぶさないように炒め合わせ、火を止めて蓋をし、約1分蒸らす。
4. 3に香菜を混ぜる。
5. 器に盛り、カシューナッツを散らす。

ベトナムのチャーハンをイメージしたメニュー。味のポイントはココナッツオイルとココナッツフレーク。すりごまもさりげなくいい仕事をしてくれます。

RECIPE - 22

トマトのコンポート

P.40-41

材料［4人分］

カラフルミニトマト……20個
砂糖……150g
水……1＋1/2カップ
スペアミント……20g

つくり方

1. 鍋に砂糖と水を入れ火にかける。砂糖が溶けたらスペアミントを入れ、中火で2〜3分煮てミントの香りを移し、そのまま冷ます。

2. ミニトマトはヘタをとり、十字に切れ目を入れる。さっと湯通しし、冷水にとり、皮をむいて水気をきる。

3. 1に2を浸し、半日からひと晩おいて味をなじませる。

ミントのさわやかなシロップがトマトとよく合う、料理の箸休めにも、デザートにも適した一品。冷蔵庫で5日間ほどもちます。
残ったシロップは炭酸で割ったり、アイスティーに加えたりしても。

RECIPE - 23

ヨーグルトのデザート P.42

材料［1人分］

ヨーグルト……200g
洋梨のジャム……適量
カカオニブ……適量

つくり方

1. ヨーグルトはペーパータオルを敷いたざるにのせ、冷蔵庫にひと晩おいて水気をきる。
2. 濡らしてからよく絞ったペーパータオルをプリン型に敷き、1のヨーグルトを入れて押さえ、形を整える。
3. 型から出し、洋梨のジャムをかけてカカオニブを散らす。

しっかり水気をきるのが肝要。甘みのないヨーグルトは、水きりするだけでコクがアップします。洋梨とカカオニブの他にも、相性のよい組み合わせを見つけてみて。

RECIPE - 24

アボカドとコーヒーのシントー P.43

材料［2人分］

アボカド……正味150g（約1個）
ベトナムコーヒー（インスタント）
……4g（湯小さじ1＋1/2で溶く）
〈A〉
砂糖……大さじ2～3
コンデンスミルク……大さじ4
牛乳……1/2カップ
氷……約1カップ

つくり方

1. アボカドは縦半分に切れ目を入れる。両手でねじって半割りにし、種をとってスプーンで果肉をとり出し、ミキサーに入れる。
2. 〈A〉を加え、なめらかになるまで混ぜ合わせる。
3. グラスに、2とコーヒーを交互に入れる。

現地のシントー（スムージー）のスタンドではもともとアボカドは定番ですが、コーヒーと組み合わせるのが近年、流行しています。ちょっと想像しにくいかもしれませんが、新しい味に開眼するはず。

CHAPTER 3

World Vietnamese

ワールド× ベトナミーズ

RECIPE - 25

香菜蕎麦

P.46

材料［4人分］

蕎麦(乾麺)……320g
キーライム(スライス)……8〜9個
香菜(2cm幅に切る)……20g
スペアミント……40g
〈たれ〉(混ぜ合わせる)
ヌクマム……大さじ2
砂糖……大さじ3
水……大さじ2
レモン汁……大さじ3
柚子胡椒……小さじ2
ごま油……大さじ1〜2

つくり方

1. 大きな鍋にたっぷりの湯を沸かし、蕎麦を表示時間通りに茹でる。ざるにあけ、水で洗う(冷たい水で締めるとコシがでる)。
2. 4つの器に蕎麦を盛り分け、まわりにキーライムを飾る。中央に香菜とスペアミントをのせて〈たれ〉をかけ、よく混ぜて食べる。

蕎麦に香菜とミントの香りがよく合って、夏バテぎみでも箸が進みます。
そうめんでつくってももちろんおいしい。

RECIPE - 26

海老のコーラ煮

P.47

材料［4人分］

有頭海老……12尾
コーラ……2カップ
ヌクマム……大さじ2
粗挽き黒胡椒……少々
米油……大さじ2
〈A〉
にんにく（みじん切り）……大さじ1
赤玉ねぎ（みじん切り）……大さじ3
しょうが（みじん切り）……大さじ2

つくり方

1. 有頭海老は殻つきのまま背わたをとる。
2. フライパンに米油と〈A〉を入れて炒め、香りが出たら海老を加えて炒める。コーラを注ぎ、強めの中火で煮る。
3. 煮立ったらアクをとってヌクマムを加え、煮汁にとろみがつくまで焦げないように煮つめる。
4. 器に盛り、粗挽き黒胡椒をふる。

ベトナムの料理用カラメルが手に入らないとき、コーラで代用することがあると聞いて着想したメニュー。
ベトナム料理は、色を濃くつけてシズル感を出すことが多いのです。とろみがつくまで焦げないように煮つめるのがポイント。

RECIPE - 27

タンドリーチキン・ベトナムスタイル

P.48

材料［2〜3人分］

鶏もも肉……2枚
グリーンチャツネ（P.99参照）……適量
赤玉ねぎのレリッシュ*……適量
〈A〉
- レモングラス（みじん切り）……20g
- 赤玉ねぎ（みじん切り）……30g
- 細ねぎ（2cm長さに切る）……4本
- プレーンヨーグルト（無糖）……大さじ2
- コンデンスミルク……大さじ2強
- ヌクマム……大さじ1＋1/3
- シーズニングソース……大さじ1弱
- 砂糖……小さじ2

〈B〉
- ピタパン……2枚
- サラダ菜……1束
- ルッコラ……1袋
- スペアミント……適宜
- 香菜……適宜

つくり方

下準備：
鶏もも肉は身の厚い部分を包丁で切り開いて厚さを均一にし、皮目にフォークを数箇所刺す。〈A〉を混ぜて漬け、2時間以上冷蔵庫におく。

1. フライパンに油（分量外）をひき、下準備した鶏もも肉のつけだれを軽くきって、弱火で皮目から焼く。香ばしく焼けたら返し、反対側も同様に焼く。
2. 鶏肉に火が通ったら、残りのつけだれを加え、焦げないように煮つめる。
3. 食べやすい大きさに切って盛り、〈B〉、グリーンチャツネ、赤玉ねぎのレリッシュを添える。ピタパンにサンドして食べる。

*赤玉ねぎのレリッシュ

材料

赤玉ねぎ（薄切り）……1/2個
香菜（みじん切り）……大さじ2
レモン汁……大さじ1＋1/2
チリパウダー……少々
塩……少々

つくり方

ボウルに赤玉ねぎと塩を入れ混ぜ合わせ、2〜3分おく。レモン汁をかけて15分おき、チリパウダーと香菜を加えてあえる。

ベトナムらしくコンデンスミルクとレモングラスを加えて、インドとコラボレーション。
下準備したチキンは、つけだれごと冷凍することもできます。

RECIPE - 28

玄米サラダ P.49

材料［2人分］

玄米（炊いたもの）……100g

〈A〉

- 赤玉ねぎ（繊維と直角に薄切り）……1/4個
- ドライ塩トマト（1cm角に切る）……20g
- クワイ（水煮）（5mm角に切る）……30g
- スペアミント（粗みじん切り）……6g
- コーン……50g
- かぼちゃの種……15g

ドレッシング*……大さじ2

スペアミント……適量

つくり方

1. ボウルに玄米と〈A〉を入れ、ドレッシングを加えてあえる。
2. 器に盛り、スペアミントを飾る。

*ドレッシング

材料［つくりやすい分量］

塩……小さじ1

アップルビネガー……大さじ3

米油……大さじ4

コリアンダーパウダー……小さじ2

つくり方

塩とアップルビネガーを、塩が溶けるまで混ぜ合わせる。米油を少しずつ入れてよく混ぜ、コリアンダーパウダーを加える。

クワイとかぼちゃの種は食感の、ドライトマトとコーンは甘みのアクセントになっています。クワイの代わりに、食感の似ているれんこんやヤーコン、りんごなどを使ってもおいしい。ライスペーパーで巻いて、生春巻きにして食べても。

RECIPE - 29

薬膳フォー

P.50-51

材料［4人分］

フォー（乾燥）……350g
豚スペアリブ……400g
干し椎茸……30g
塩……大さじ1
クレソン（半分に切る）……1束
キーライム（半分に切る）……適宜
ラー油……適宜
〈A〉
　干し貝柱……25g
　蓮の実……10g
　ナツメ……6個
　しょうが……1/2片

つくり方

1. フォーはぬるま湯に30分ほど浸し、曲げても折れない程度にやわらかくなったら水気をきる。

2. 干し椎茸はひたひたの水で戻し、戻し汁はとっておく。

3. 豚スペアリブは熱湯に入れ、表面が白くなったらとり出して水で洗う。

4. 鍋に２の戻し汁と水を合わせて3ℓになるように入れ、３と〈A〉を加える。火にかけ、沸騰したらアクをすくう。弱火にして30～40分煮込み、塩を加えて味を調える。

5. １のフォーを1人分ずつ片手つきのざるに入れて5～10秒茹で、しっかりと水気をきって器に盛る。

6. ５にクレソンをのせ、４の熱々のスープを注ぐ。好みでキーライムを搾ったり、ラー油をかけたりして食べる。

薬膳スープは、ハノイのトンズィタン通りでも食べることができます。ここでは干し椎茸、干し貝柱、蓮の実、ナツメ、しょうがとそれぞれに効能のある食材を使い、フォーを加えて、健康志向でボリュームのある、そしてもちろんおいしいひと皿に。

RECIPE - 30

塩麹豚の揚げもの

P.52-53

材料［2人分］

豚ばら肉（かたまり）……300g
塩……少々
香菜……適宜
粒マスタード、七味唐辛子……適宜
〈A〉
- しょうが（すりおろし）……20g
- レモングラス（みじん切り）……15g
- 塩麹……大さじ2

つくり方

下準備：
豚ばら肉はペーパータオルで水気をとり、全体に軽く塩をふる。保存袋に〈A〉を入れ混ぜ、豚肉を加えてよくもみ込む。冷蔵庫で3日間おく。

1. 下準備した豚肉を水洗いし、ペーパータオルで水気をしっかり拭きとる。
2. フライパンに1の豚肉と、豚肉がかぶるくらいまで油（分量外）を入れて火にかける。焦げやすいので弱火でじっくり火を通す。両面を香ばしく揚げる。
3. 食べやすい大きさに切って器に盛り、香菜を飾る。好みで粒マスタードや七味唐辛子をつけて食べる。

日本の万能調味料、塩麹のおいしさに虜になって以来、抜け出せずにいます。
麹の発酵パワーで、肉にうまみ、塩分、甘みをもたらし、しょうがとレモングラスで香り豊かに。

RECIPE - 31

れんこんのチヂミ P.54

材料［2～3人分］

れんこん……250g

〈A〉

- クコの実……大さじ2
- ひまわりの種……20g
- 片栗粉……大さじ2＋1/2
- ディル（みじん切り）……10g
- 塩……小さじ1

キーライム（半分に切る）……1個

つくり方

1. れんこんをすりおろし、ざっと水気をきる。
2. ボウルに1と〈A〉を入れて混ぜ合わせ、手で丸く形を整えて10～12等分にする。
3. フライパンに多めのごま油（分量外）を熱し、2を入れて中火で揚げ焼きにする。両面が香ばしいきつね色になるまで焼く。
4. 器に盛り、キーライムを添える。

ベトナムでは魚のすり身とディルをよく組み合わせるので、そこからベジへ発想を転換してみました。
すりおろすともっちりする、れんこんやじゃがいもでつくるのがおすすめです。

RECIPE - 32

海老のライスフレーク揚げ

P.55

材料［4人分］

有頭海老……12尾
塩、粗挽き黒胡椒……少々
小麦粉、溶き卵、ライスフレーク……適量
たれ（塩、チリパウダー、キーライム〈半分に切る〉）……適量

つくり方

1. 有頭海老は殻をむき、背わたをとる。
2. 海老に塩胡椒をしてから小麦粉を薄くまぶし、溶き卵にくぐらせ、ライスフレークをつける。
3. 180℃の油（分量外）で、香ばしく揚げ、器に盛る。
4. たれは、塩とチリパウダーを好みの割合で合わせて小皿に入れ、食べるときにキーライムを搾って混ぜ、つけて食べる。

秋に旬を迎える青米から連想して、インドのライスフレークを使用。
ライスフレークは、パン粉と同じ要領で揚げものに使えます。

RECIPE - 33

おさしみといろいろ野菜のあえもの P.56-57

材料［2人分］

たい（刺身用）……100g
ワンタンの皮（1cm角に切る）……3枚
〈A〉
　しょうが（千切り）……1片
　ディル（葉を摘む）……2本
　スペアミント……5g
　きゅうり（5mm角に切る）……1/5本
　セロリ（5mm角に切る）……1/5本
　ブロッコリースプラウト（根元を切る）
　……1/2束
　ざくろの実……適宜
〈たれ〉（混ぜ合わせる）
　ヌクチャム（P.82参照）……大さじ3
　練りわさび……小さじ1弱
　ごま油……小さじ2

つくり方

1. ワンタンの皮は170～180℃の油（分量外）できつね色に香ばしく揚げる。
2. たいは薄切りにする。
3. 器の中央に2を、まわりに1と〈A〉を盛り、〈たれ〉を添える。食べる直前に〈たれ〉をかけて全体をよく混ぜる。

シンガポールの旧正月料理、ローヘイをアレンジ。好みの魚でつくってみて。
混ぜれば混ぜるほどおいしくなります。

RECIPE - 34

クリームチーズとパイナップルジャムのクラッカーサンド

P.58

材料［8個分］

クラッカー……16枚
クリームチーズ……80g
パイナップルのジャム……30g
チリパウダー……少々

つくり方

1. クリームチーズとパイナップルのジャムをボウルに入れ、マーブル状に混ぜ合わせる。
2. クラッカーに1の1/8量を塗り、チリパウダーをかけてクラッカーをもう1枚重ねてサンドする。残りも同様につくる。

ベトナムではパイナップルに唐辛子と塩をつけておやつとして食べます。
ここではクリームチーズを加えて、ちょっとリッチに。

RECIPE - 35

蟹とタマリンドのサンドウィッチ

P.59

材料［4個分］

蟹のほぐし身（茹でたものまたは缶詰）
……100g
きゅうり（千切り）……1本
塩……適量
パン・ド・カンパーニュ（スライス）……8枚
バター……適量
〈A〉
　タマリンドペースト……35g
　マヨネーズ……50g
　香菜（みじん切り）……30g
　赤玉ねぎ（みじん切り）……20g
　コリアンダーシード……大さじ2

つくり方

1. ボウルにきゅうりを入れて塩をし、20分ほどおく。水気が出たら水分をしっかり手で絞る。
2. 別のボウルに蟹のほぐし身と〈A〉を入れて混ぜる。
3. パン・ド・カンパーニュの片面にバターを塗り、1/4量の 1 と 2 をのせ、バターを塗ったもう1枚のパンでサンドする。残りも同様につくる。

酸味づけに使われるマメ科の実、タマリンド。マヨネーズとのちょっと意外な組み合わせも、ベトナムで知りました。そのマッチングは考えたことがなかったけれど、衝撃的においしい。そんな新しい味に出会えるのが、ベトナム通いをやめられない理由のひとつです。

RECIPE - 36

バナナと甘酒のシントー

P.60

材料［2人分］

バナナ……正味130g（約1.5本）
甘酒……120g
アーモンドミルク（無糖）……1カップ
カルダモンパウダー……少々
ピーカンナッツのキャラメリゼ（砕く）
……適量

つくり方

1. バナナ、甘酒、アーモンドミルクをミキサーにかける。
2. グラスに注ぎ、カルダモンパウダーをふり、ピーカンナッツをトッピングする。

定番のバナナのシントー（スムージー）に、甘酒を加えて。
カルダモンの香りとピーカンナッツの食感がアクセントになって、大人な味になりました。温めてもおいしい。

CHAPTER 4

Street food Vietnamese

ストリートフード×ベトナミーズ

RECIPE - 37

パパドバインセオ P.64

材料［4人分］

パパド(乾燥)……4枚
海老……小12尾
米油……大さじ1
〈A〉
　チリパウダー……小さじ1/2～1/4
　ガラムマサラ……小さじ1/2
　塩……少々
生野菜とハーブ(グリーンカール、
　香菜〈2cm幅に切る〉、スペアミント、大葉)
　……適量
香菜ジェノベーゼ*……適量

つくり方

1. 海老は殻をむいて背わたをとり、〈A〉で下味をつける。
2. フライパンに米油を入れて1を炒め、皿にとり、串に刺しておく。
3. パパドは170～180℃の油(分量外)で揚げ、油のなかでへらやトングを使って半分に折り、油をしっかりきる。
4. 生野菜にパパド、海老、ハーブをのせて包み、香菜ジェノベーゼにつけて食べる。

*香菜ジェノベーゼ

材料［つくりやすい分量］

香菜……80g
ピーナッツ……20g
米油(またはオリーブオイルや
　ピーナッツオイル)……3/4カップ
ヌクチャム(P.82参照)……全量

つくり方

1. 香菜、ピーナッツ、米油をミキサーにかける。
2. ペースト状になったらヌクチャムを加えて軽く攪拌する。

ベトナム南部の名物料理バインセオに、豆粉を使ったインドの薄焼きせんべいのパパドをフュージョン。
香菜ジェノベーゼはカッペリーニやそうめんなどにもよく合います。

RECIPE - 38

ボッチン風卵焼き

P.65

材料［18cmフライパン1枚分］

切り餅……2個
卵……3個
細ねぎ（小口切り）……5本
米油……大さじ2
香菜……適量
ホットチリソース……適量
〈たれ〉（混ぜ合わせる）
- はちみつ……大さじ1強
- ヌクマム……大さじ1
- シーズニングソース……大さじ2
- 米酢……小さじ1強
- 水……大さじ2

つくり方

1. 切り餅1個につき6等分に切る。
2. ボウルに卵を割り入れ、細ねぎを加えて混ぜ合わせる。
3. フライパンに1を入れ、餅が半分かぶるくらいの油（分量外）を注ぎ、火にかける。餅が両面ふくらんできたら、フライパンに餅を残し、油はしっかりきる。
4. 2を流し入れ、卵がかたまり始めたら、鍋肌から米油を注ぎ、両面がきつね色になるまで焼く。
5. 器に盛り、香菜、ホットチリソース、〈たれ〉を添える。

本場のボッチンは米粉を蒸した棒状の生地ですが、切り餅で代用。
揚げ焼きすることでお餅をふっくらさせるのがおいしさアップのコツです。熱々のうちにどうぞ。

RECIPE - 39

豆腐のスパイス揚げ

P.66

材料［2〜3人分］

木綿豆腐……1丁（約300g）

小麦粉、溶き卵……適量

グリーンチャツネ（P.99参照）……適量

〈A〉（混ぜ合わせる）

- コリアンダーパウダー……大さじ2
- 塩……小さじ1

〈B〉（混ぜ合わせる）

- ドライパン粉……適量
- クミンシード……適量

つくり方

1. 木綿豆腐はペーパータオルで包んでバットにおき、重石をのせて水きりする。8等分に切る。
2. 1の全体に〈A〉をまぶす。
3. 小麦粉、溶き卵にくぐらせ、〈B〉をつける。
4. 180℃の油（分量外）できつね色になるまで揚げ、串に刺す。グリーンチャツネをつけて食べる。

ベトナムでよく遭遇する串刺し料理に敬意を表して、ヘルシーだけれど複雑なスパイシーさで満足度の高い一品にしてみました。
グリーンチャツネは冷凍できます（ラップに薄く伸ばしておけば使うとき便利）。

RECIPE - 40

鶏手羽のヌクマム揚げ

P.67

材料［12個分］

鶏手羽先……12本

〈たれ〉

- スイートチリソース……大さじ3
- ヌクマム……大さじ3＋3/4
- レモン汁……大さじ2＋1/2
- 砂糖……大さじ1＋1/2
- 香菜（みじん切り）……20g
- レモングラス（みじん切り）……20g

つくり方

1. ボウルに〈たれ〉の材料を入れ、砂糖が溶けるまでしっかり混ぜ合わせる。
2. 常温の油（分量外）に鶏手羽先を入れ、油の温度を170℃まで徐々に上げながら、カリッとなるまで揚げる。
3. 2の揚げたてを直接1に入れて、さっとからめる。

現地でははちみつとヌクマムでシンプルにマリネしますが、ここではkitchen.秘伝のたれを使います。
鶏肉を入れてから油の温度を上げていき、カリカリになるまで揚げるのがおいしさを左右するコツ。

RECIPE - 41

エクスプレススナック

P.68-69

材料［2人分］

インドのベジマカロニ（またはえびせん）
……40g
こぶみかんの葉……6枚
〈A〉
粗挽き黒胡椒……小さじ2弱
塩……1g
桜海老……3g

つくり方

1. 常温の油（分量外）にこぶみかんの葉を入れ、油の温度を徐々に上げながらカリッとなるまで揚げる。
2. こぶみかんをとり出して強火にし、170〜180℃になったらベジマカロニを入れ、ふわっとふくらむように揚げる（油の温度が低いとふくらまず、高温だと焦げてしまうので注意）。
3. ビニール袋にベジマカロニ、こぶみかんの葉、〈A〉を入れ、よく振って混ぜ合わせる。

インド食材店で見つけた色とりどりのかわいいマカロニは、意外にもベジ仕様でした。
タイのおつまみ風でもあり、懐かしの昭和の雰囲気もあります。

RECIPE - 42

ムール貝のハーブ蒸し

P.70-71

材料［4人分］

ムール貝……500g

〈A〉

- レモングラス（斜め切り）……40g
- こぶみかんの葉……6枚
- ルアモイ（ベトナム米焼酎）……3/4カップ

油条《ヨウティヤオ》……4本

ヌクチャム（P.82参照）、しょうが（千切り）……適量

つくり方

1. 油条は160℃の油で両面がカリッとなるまで揚げる。
2. 鍋にムール貝と〈A〉を入れ、蓋をして火にかける。
3. ムール貝の殻が開き、レモングラスの香りがたったら火を止め、器に盛る。
4. 小皿にヌクチャムとしょうがを入れ、ムール貝につけながら食べる。油条は蒸し汁に浸して食べる。

ハーブにレモングラスやこぶみかんの葉を使ったり、バゲットではなく油条を添えたりと、ムール貝の酒蒸しをベトナム風に楽しんで。ルアモイは日本の焼酎や酒でも代用可。

RECIPE - 43

フレンチライスペーパー P.72

材料［4人分］

卵……1個
牛乳……大さじ4
砂糖……20g
バニラエッセンス……少々
ライスペーパー（直径22cm）……4枚
バター……10g×4
米油……小さじ1×4
白煎りごま……適量
アーモンドダイス……適量

つくり方

1. 卵、牛乳、砂糖、バニラエッセンスを混ぜ合わせたものに、ライスペーパーを両面さっと浸す。
2. 熱しすぎないフライパンにバター（10g）と米油（小さじ1）を入れ、1の両面を弱めの中火で香ばしく色づくまで焼く。ライスペーパーの片面半分に白煎りごまとアーモンドダイスを散らし、フライ返しで半分に折りたたむ。網に上げて冷ます（冷めると食感がパリパリになる）。残りも同様に焼く。

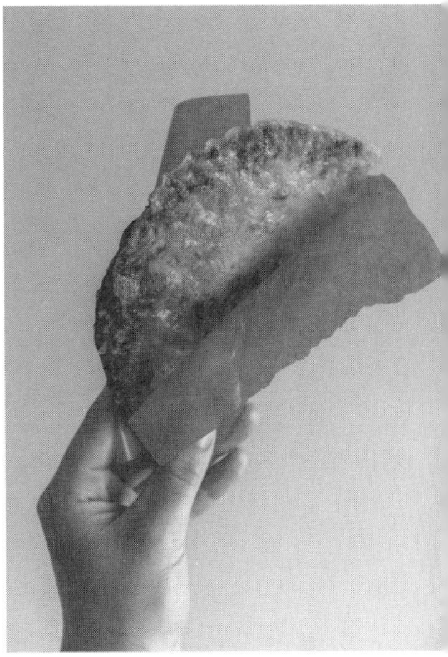

ベトナム南部発祥のバインチャンヌン（焼きライスペーパー）をフレンチトースト風にアレンジ。
煎りごまとアーモンドのおかげで、冷めてもおいしい食感が残ります。

RECIPE - 44

バインミーマットオン P.73

材料［3～4人分］

ブール（バゲット生地の小さな丸いパン）……2個
はちみつ……90g
米油……大さじ2
バター……40g
トッピング（カカオニブ、ピンクペッパー、
ココナッツフレーク）……適量

つくり方

1. ブールにはちみつが染み込みやすいよう、フォークで両面に穴をあけ、めん棒でのして平らにする。
2. バットに1を入れ、はちみつを注いで15～20分漬ける。
3. フライパンに米油を熱して2を両面焼き、バターを加えてこんがりと焼く。
4. 食べやすい大きさに切り、トッピングをのせて食べる。

バインミー＝パン、マットオン＝はちみつのこと。
ベトナム北部の焼き鳥屋のサイドメニューや屋台では定番のおやつです。

RECIPE - 45

ケムカフェ P.74

材料［2〜3人分］

ココナッツクリーム……200g
ベトナムコーヒー（インスタント）……10g
コンデンスミルク……60g

つくり方

1. すべての材料をアイスクリームメーカー（またはミキサー）に入れて撹拌する。
2. ソフトクリーム状の固さになったら容器に入れ、冷凍庫で冷やし固める。

※ミキサーを使用する場合は、撹拌したものを容器に入れ、冷凍庫で冷やし固める。固まるまでに、途中3回ほどフォークで混ぜて空気を含ませるとよい。

ケム＝アイス、カフェ＝コーヒーのこと。
ベトナムのカフェで人気のココナッツコーヒーをヒントにつくったレシピです。

RECIPE - 46

豆腐のムース ジンジャーシロップ P.75

材料［4人分］

充填豆腐……2丁（約400g）
コンデンスミルク……大さじ2
クワイ（水煮）（5mm角に切る）……4個
〈ジンジャーシロップ〉
- しょうが（薄切り）……15g
- しょうが汁……大さじ1＋1/3
- きび砂糖……100g
- 水……1カップ

つくり方

1. 充填豆腐はミキサーにかけ、コンデンスミルクを加えてさらに撹拌する。クリーム状になったらボウルに移し、クワイを入れて混ぜ合わせる。
2. 小鍋に〈ジンジャーシロップ〉の材料を入れ、半量になるまで煮つめる。
3. 器に１を盛り、２をかける。

ベトナム南部では、天秤棒を担いだおばさんがおやつを売り歩く姿がよく見られます。そんなおやつの定番のひとつが、ジンジャーシロップ。豆腐をムース状にしてクワイをアクセントにした、アレンジバージョンです。

RECIPE - 47

ゆり根の温かいチェー

P.76-77

材料［4人分］

〈ゆり根あん〉
- ゆり根……150g
- 白あん……75g

ココナッツミルク……3/4カップ

水……1/4カップ

ゆり根……60g

切り餅……4個

つくり方

1.〈ゆり根あん〉をつくる。

a. ゆり根は1枚ずつていねいにはがして水洗いする。傷や汚れは包丁でとり除く。

b. 鍋に湯を沸かし、ゆり根（150g）を茹でる。やわらかくなったらざるにあけ、裏ごしする。

c. 白あんと混ぜ合わせる。

2. 鍋に1、ココナッツミルク、水を入れ、火にかけて混ぜ合わせ、ゆり根（60g）を入れ、ゆり根がやわらかくなるまで弱火で煮る。

3. 切り餅はトースターなどで焼き色がつくまで焼く。

4. 器に3を入れ、2を注ぐ。

昔ながらのベトナムのおやつに、和食材のゆり根を合わせて、
ほっこりおいしい、真っ白なぜんざいにしました。

私にとって、すべてのベースはベトナムにあります。

ベトナムに限らず旅先でおいしいものに出会ったら、

そこからベトナム料理にどうアレンジできるか考え、

どう自分流に表現できるか試してみます。

見た目の美しさはもちろん、そこに驚きや発見をプラスして、

ベトナム料理を私なりに進化させたい。

いつも、そんなふうに思い描いています。

みなさんにも新しいベトナム料理と出会っていただけたら、

こんな嬉しいことはありません。

鈴木珠美《すずき・ますみ》

東京・西麻布のベトナム料理店 kitchen. オーナーシェフ。料理留学のためベトナムに滞在した2年間を糧に、帰国後kitchen.をオープン。野菜やハーブをたっぷり使ったベトナム料理を提供している。花鍋や生春巻きなどは、盛りつけの美しさも含めて名物メニュー。「ミシュランガイド東京」のビブグルマン（価格以上の満足感が得られる店）には4年連続で選ばれるほど定評がある。テレビや雑誌で取り上げられる機会も多い。著書に『越南勉強帖』（ピエブックス）、『ベトナムおうちごはん』『野菜料理の新しい味』（ともに扶桑社）、『はじめてのベトナム料理　ふだんのごはんとおつまみ、デザート』『ベトナム料理は生春巻きだけじゃない』（ともに共著、柴田書店）、『ホーチミンのおいしい！がとまらないベトナム食べ歩きガイド』（共著、アノニマ・スタジオ）など。
Instagram: @ kitchen.nishiazabu

kitchen.《キッチン》

東京都港区西麻布4-4-12-2F
TEL 03-3409-5039

P.80でご紹介しているナッツやジャムなどのオリジナル商品の詳細・ご購入は、こちらから↓

kitchen-nishiazabu.stores.jp

写真――――――加藤新作
スタイリング――――上田友子
料理アシスタント――寺岡 綾・田中尚子
デザイン――――――藤田康平（Barber）
編集――――――――野村美丘（photopicnic）
浅井文子（アノニマ・スタジオ）

モダン・ベトナミーズ

2021年7月24日　初版第1刷 発行

著者――――――鈴木珠美
発行人――――――前田哲次
編集人――――――谷口博文
アノニマ・スタジオ
〒111-0051
東京都台東区蔵前2-14-14 2F
TEL 03-6699-1064
FAX 03-6699-1070

発行――――――KTC中央出版
〒111-0051
東京都台東区蔵前2-14-14 2F

印刷・製本――――シナノ書籍印刷株式会社

ISBN：978-4-87758-822-9　C2077

アノニマ・スタジオは、

風や光のささやきに耳をすまし、

暮らしの中の小さな発見を大切にひろい集め、

日々ささやかなよろこびを見つける人と一緒に

本を作ってゆくスタジオです。

遠くに住む友人から届いた手紙のように、

何度も手にとって読みかえしたくなる本、

その本があるだけで、

自分の部屋があたたかく輝いて思えるような本を。